DE CANCIONES A CUENTOS
Fonética para leer y escribir

Libro de actividades y cuentos

Lada Josefa Kratky

HAMPTON-BROWN BOOKS
FOR BILINGUAL EDUCATION

Quien sabe dos lenguas vale por dos.®

ACKNOWLEDGMENTS

Grateful acknowledgment is given for the use of the following illustrations:
Winifred Barnum-Newman: 51–56; Marilynn Barr: 75–80; Chi Chung: 45–50;
Diane deGroat: 123–128; Julie Downing: 81–86; Jon Goodell: 57–62, 63–68;
Susan Guevara: Cover, Title page; Dennis Hockerman: 117–122; Barbara Lanza: 15–20,
93–98, 141–144; Nicolás Joseph Chávez Lutz: 47–48, 79–80; Francisco X. Mora: 39–44;
Russell Nemec: 33–38; Gary R. Phillips: 135–140; John Sandford: 3–8, 27–32, 87–92;
DJ Simison: 21–26, 105–110; Susan Spellman: 69–74, 111–116; Rosario Valderrama:
129–134; Fabricio Vanden Broeck: 99–104; Vicki Wehrman: 9–14

Hampton-Brown Books
P.O. Box 223220
Carmel, California 93922
1-800-333-3510

Printed in the United States of America

ISBN 1-56334-895-0

00 01 02 03 04 05 10 9 8 7 6 5 4 3

A, E, I, O, U.
¿Cuántas letras sabes tú?

Mis palabras con **a**, **e**, **i**, **o**, **u**

DIRECTIONS: Chant the rhyme with the children. Have them practice writing words that begin with vowels in the box.

Las vocales **3**

Querida familia:

Pidan a su hijo/a que les enseñe la rima en el otro lado de esta hoja. Ayuden a su hijo/a a hacer un dibujo para cada vocal en los recuadros de abajo; por ejemplo:

<u>a</u>: avión   <u>e</u>: elefante   <u>i</u>: imán   <u>o</u>: oreja   <u>u</u>: uña

Luego, ayúdenle a escribir el nombre de su dibujo.

Aa		a
Ee		e
Ii		i
Oo		o
Uu		u

DIRECTIONS: Children take this page home and work with their families to draw objects whose names begin with each vowel. Then, they trace the vowel and complete the word.

| a | e | i | o | u |

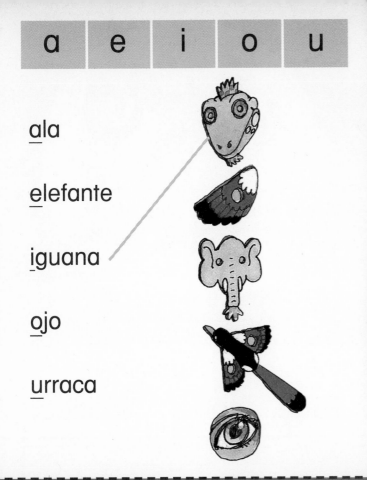

<u>a</u>la

<u>e</u>lefante

<u>i</u>guana

<u>o</u>jo

<u>u</u>rraca

¿Qué ve Omar?

por _____

Ve una

| | g | u | a | n | a |

6

Ve un

| | l | a |

3

DIRECTIONS: Review the syllables on the Rhyme Card. After children make their books, read the story including the incomplete words: *elefante*, *ala*, *urraca*, *ojo*, and *iguana*. Then, ask children to write the missing syllables. On the last page, have them match the words and the pictures.

Las vocales 5

Ve un

| l | e | f | a | n | t | e |

.

¡Ve a su amigos:
Ema, Isabel y Ulises!

Ve una

| | rr | a | c | a |

.

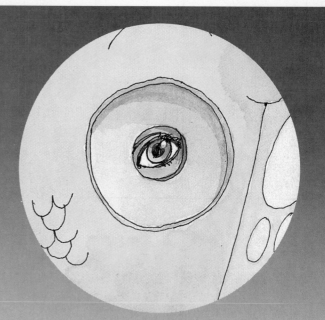

Ve un

| | j | o |

.

6 Las vocales

Note that throughout the program only one box is allocated
for *ch*, *ll*, and *rr*. The letters *qu* are also given a single box
because *q* is always followed by *u*.

8

Máscaras de animales

por _____

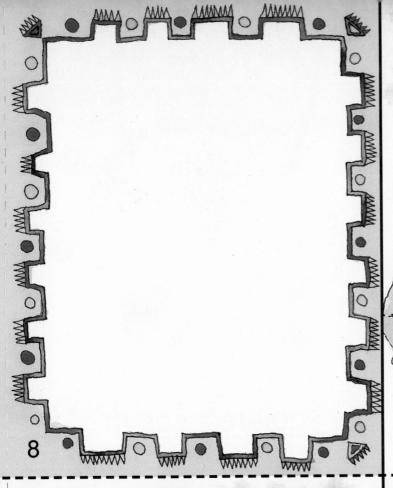

Ulises _____ _____

urraca.

6

Ema _____ _____

elefante.

3

DIRECTIONS: Children make an eight-page book. Ask them to trace *es un* on page 2 and write *es un* on page 3; trace *es una* on page 4 and write *es una* on pages 5 and 6; and draw themselves in a mask on page 8. Then, read the book as children track the print, pausing before words that begin with vowels so children can supply them.

es un/una **7**

Omar __es__ __un__
oso.

2

¿Qué animal
quieres ser tú?

7

Ana __es__ __una__
araña.

4

Isabel _____ _____
iguana.

5

¡Mira, mamá!
Mi muñeca se va.

Mis palabras con **m**

DIRECTIONS: Chant the rhyme with the children. Have them circle the syllables in the rhyme that begin with *m*. Then have them practice writing words that begin with *m* in the box.

Las sílabas con *m*   9

Querida familia:

Pidan a su hijo/a que les enseñe la rima en el otro lado de esta hoja. En los recuadros de abajo verán las sílabas con <u>m</u> que estamos estudiando. Ayuden a su hijo/a a hacer un dibujo para cada sílaba; por ejemplo:

<u>ma</u>: mariposa   <u>me</u>: mesa   <u>mi</u>: mirasol
<u>mo</u>: moto   <u>mu</u>: muñeca

Luego, ayúdenle a escribir el nombre de lo que haya dibujado.

Mm	ma	me
mi	mo	mu

DIRECTIONS: Children take this page home and work with their families to draw objects whose names include each syllable. Then, they trace the syllable and complete the word.

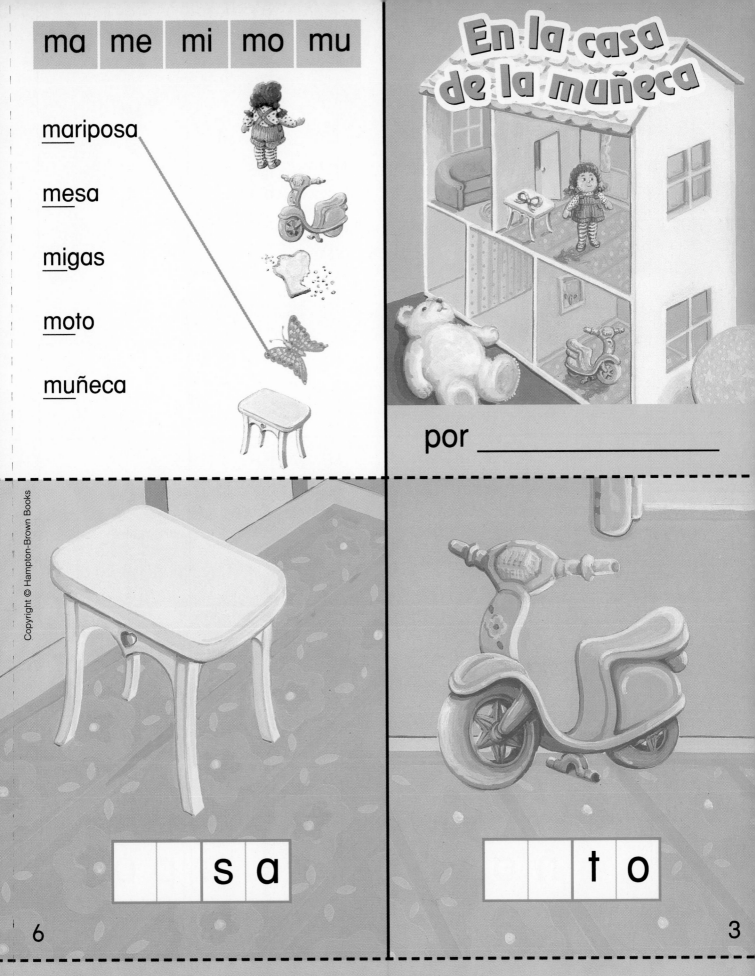

| ma | me | mi | mo | mu |

mariposa

mesa

migas

moto

muñeca

En la casa
de la muñeca

por _____

___ s a

___ t o

6

3

Copyright © Hampton-Brown Books

ma me mi mo mu

DIRECTIONS: Review the syllables on the Rhyme Card. After children make their books, read the story including the incomplete words: *muñeca, moto, moño, mariposa, mesa,* and *migas.* Then, ask children to write the missing syllables. On the last page, have them match the words and the pictures.

Las sílabas con *m*   11

		ñ	e	c	a

2

		g	a	s

7

		ñ	o

4

		r	i	p	o	s	a

5

¡ _____ !

8

Mira

por _____

_____ el pan.

6

_____ el maíz.

3

DIRECTIONS: Children make an eight-page book. Ask them to trace *Mira* on page 2, and to write *Mira* on the other pages to complete each sentence. Then, read the book as children track the print. Pause before words with the target syllables and invite children to supply them.

mira 13

Mira la muñeca.

2

_____ la mesa.

7

_____ el molinillo.

4

_____ la masa.

5

Pepe pega a la piñata, ¡y un pollito se le escapa!

Mis palabras con **p**

DIRECTIONS: Chant the rhyme with the children. Have them circle the syllables in the rhyme that begin with *p*. Then have them practice writing words that begin with *p* in the box.

Las sílabas con *p* 15

Querida familia:

Pidan a su hijo/a que les enseñe la rima en el otro lado de esta hoja. En los recuadros de abajo verán las sílabas con p que estamos estudiando. Ayuden a su hijo/a a hacer un dibujo para cada sílaba; por ejemplo:

<u>pa</u>: paloma   <u>pe</u>: pelota   <u>pi</u>: piña
<u>po</u>: pollo   <u>pu</u>: puma

Luego, ayúdenle a escribir el nombre de lo que haya dibujado.

Pp	pa	pe
pi	po	pu

Copyright © Hampton-Brown Books

DIRECTIONS: Children take this page home and work with their families to draw objects whose names include each syllable. Then, they trace the syllable and complete the word.

pa	pe	pi	po	pu

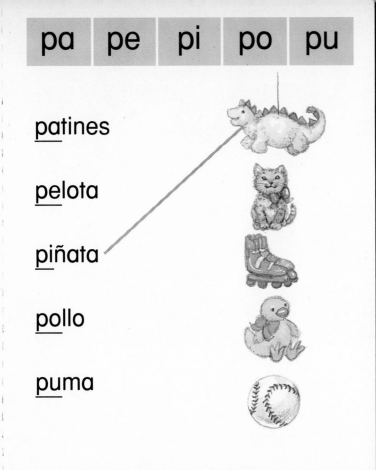

<u>pa</u>tines

<u>pe</u>lota

<u>pi</u>ñata

<u>po</u>llo

<u>pu</u>ma

MIS REGALOS

por _____

		l	o	t	a

6

3

DIRECTIONS: Review the syllables on the Rhyme Card. After children make their books, read the story including the incomplete words: *patines*, *pelota*, *pollo*, *piñata*, *puma*, and *perrito*. Then, ask children to write the missing syllables. On the last page, have them match the words and the pictures.

Las sílabas con *p*

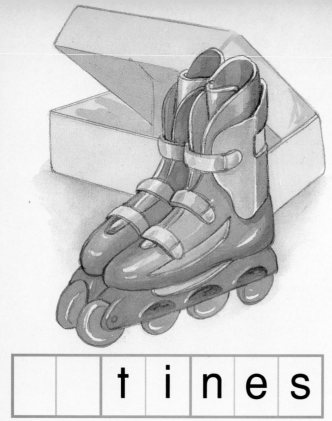

		t	i	n	e	s

2

		rr	i	t	o

7

		ll	o

4

		ñ	a	t	a

5

Las sílabas con *p*

Note that only one box is allocated for *rr* and *ll*.

Es _____ mí.

8

por _____

Es _____ el caballo.

Jiiijiji.

6

Es _____ papá.

Gracias.

3

DIRECTIONS: Children make an eight-page book. Ask them to trace *para* on page 2, and to write *para* on the other pages to complete each sentence. Then, read the book as children track the print. Pause before words with the target syllables and invite children to supply them.

para

Es **para** mamá.

Es _____ el perrito.

2

7

Es _____ el pato.

Es _____ el pollito.

4

5

Yo tomo café y tu títere té.

Mis palabras con **t**

DIRECTIONS: Chant the rhyme with the children. Have them circle the syllables in the rhyme that begin with *t*. Then have them practice writing words that begin with *t* in the box.

Las sílabas con *t* 21

Querida familia:

Pidan a su hijo/a que les enseñe la rima en el otro lado de esta hoja. En los recuadros de abajo verán las sílabas con **t** que estamos estudiando. Ayuden a su hijo/a a hacer un dibujo para cada sílaba; por ejemplo:

ta: taza   **te**: teléfono   **ti**: tina

to: tomate   **tu**: tulipán

Luego, ayúdenle a escribir el nombre de lo que haya dibujado.

Tt	ta	te
ti	to	tu

Copyright © Hampton-Brown Books

DIRECTIONS: Children take this page home and work with their families to draw objects whose names include each syllable. Then, they trace the syllable and complete the word.

ta	te	ti	to	tu

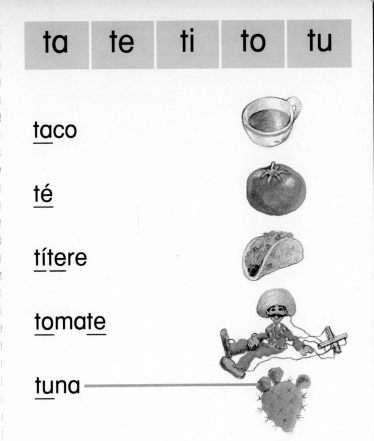

<u>ta</u>co

<u>té</u>

<u>tí</u>tere

<u>to</u>mate

<u>tu</u>na

La comida del títere

por _____

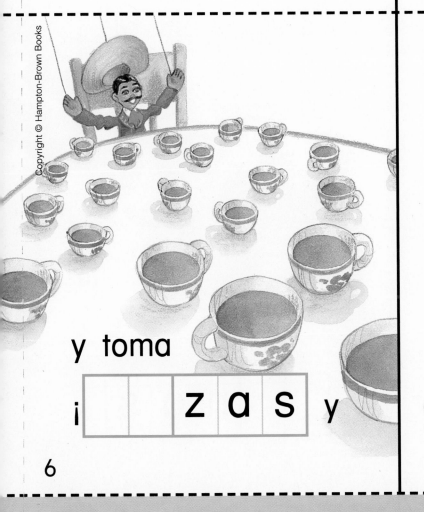

y toma

¡ | | | z | a | s | y

6

come un | | | c | o |

3

DIRECTIONS: Review the syllables on the Rhyme Card. After children make their books, read the story including the incomplete words: *títere*, *taco*, *tomate*, *tunas*, *tazas*, and *té*. Then, ask children to write the missing syllables. On the last page, have them match the words and the pictures.

El ☐☐☐☐ r e

2

tazas de ☐☐ !

7

un ☐☐☐☐☐☐ ,

4

☐ n a s

5

Se acabaron _____.

8

Té para todos

por _____

El toro se toma

_____.

6

El títere se toma

_____.

3

DIRECTIONS: Children make an eight-page book. Ask them to trace *todo* on page 2, and to write *todo* on the other pages to complete each sentence. Then, read the book as children track the print. Pause before words with the target syllables and invite children to supply them.

todo 25

El oso se toma
<u>todo</u>.

2

El tiburón se toma
_____.

7

La pata se toma
_____.

4

El tigre se toma
_____.

5

El sapo y Serafina suben la colina.

Mis palabras con **s**

DIRECTIONS: Chant the rhyme with the children. Have them circle the syllables in the rhyme that begin with *s*. Then have them practice writing words that begin with *s* in the box.

Las sílabas con *s* 27

Querida familia:

Pidan a su hijo/a que les enseñe la rima en el otro lado de esta hoja. En los recuadros de abajo verán las sílabas con s que estamos estudiando. Ayuden a su hijo/a a hacer un dibujo para cada sílaba; por ejemplo:

<u>sa</u>: sábana   <u>se</u>: semáforo   <u>si</u>: silla
<u>so</u>: sofá   <u>su</u>: algo sucio

Luego, ayúdenle a escribir el nombre de lo que haya dibujado.

Ss	sa	se
si	so	su

DIRECTIONS: Children take this page home and work with their families to draw objects whose names include each syllable. Then, they trace the syllable and complete the word.

sa	se	si	so	su

<u>sa</u>la

<u>se</u>ñora

<u>si</u>lla

<u>so</u>fá

<u>sa</u>po <u>su</u>cio

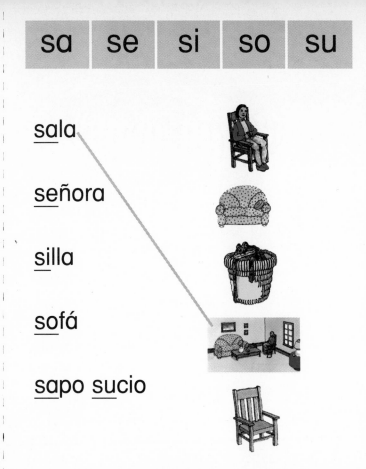

En la sala de Serafina

por _____

una | | ñ | o | r | a |

6

de Serafina, hay

3

DIRECTIONS: Review the syllables on the Rhyme Card. After children make their books, read the story including the incomplete words: *sala*, *sofá*, *silla*, *señora*, and *sapo sucio*. Then, ask children to write the missing syllables. On the last page, have them match the words and the pictures.

En la [ ][ ][l][a]

2

¡y un sapo

[ ][ ][c][i][o]!

7

un [ ][ ][f][á],

4

una [ ][ ][ll][a],

5

30 *Las sílabas con s*

Note that only one box is allocated for *ll*.

¡Quién sale?

¡Vamos todos a
nadar!

8

por _____

_____ el payaso

serio.

6

_____ la sirena

bonita.

3

DIRECTIONS: Children make an eight-page book. Ask them to trace *Sale* on page 2, and to write *Sale* on the other pages to complete each sentence. Then, read the book as children track the print. Pause before words with the target syllables and invite children to supply them.

sale 31

Sale el sapo

sucio.

2

_____ Serafina.

7

_____ el perro

gracioso.

4

_____ Sofía, la

muñeca.

5

La dama de Dina es muy saltarina.

Mis palabras con **d**

DIRECTIONS: Chant the rhyme with the children. Have them circle the syllables in the rhyme that begin with *d*. Then have them practice writing words that begin with *d* in the box.

Querida familia:

Pidan a su hijo/a que les enseñe la rima en el otro lado de esta hoja. En los recuadros de abajo verán las sílabas con <u>d</u> que estamos estudiando. Ayuden a su hijo/a a hacer un dibujo para cada sílaba; por ejemplo:

<u>da</u>: dado   <u>de</u>: dedo   <u>di</u>: dibujo
<u>do</u>: dólar   <u>du</u>: durazno

Luego, ayúdenle a escribir el nombre de lo que haya dibujado.

Dd	da	de
di	dó	du

DIRECTIONS: Children take this page home and work with their families to draw objects whose names include each syllable. Then, they trace the syllable and complete the word.

da	de	di	do

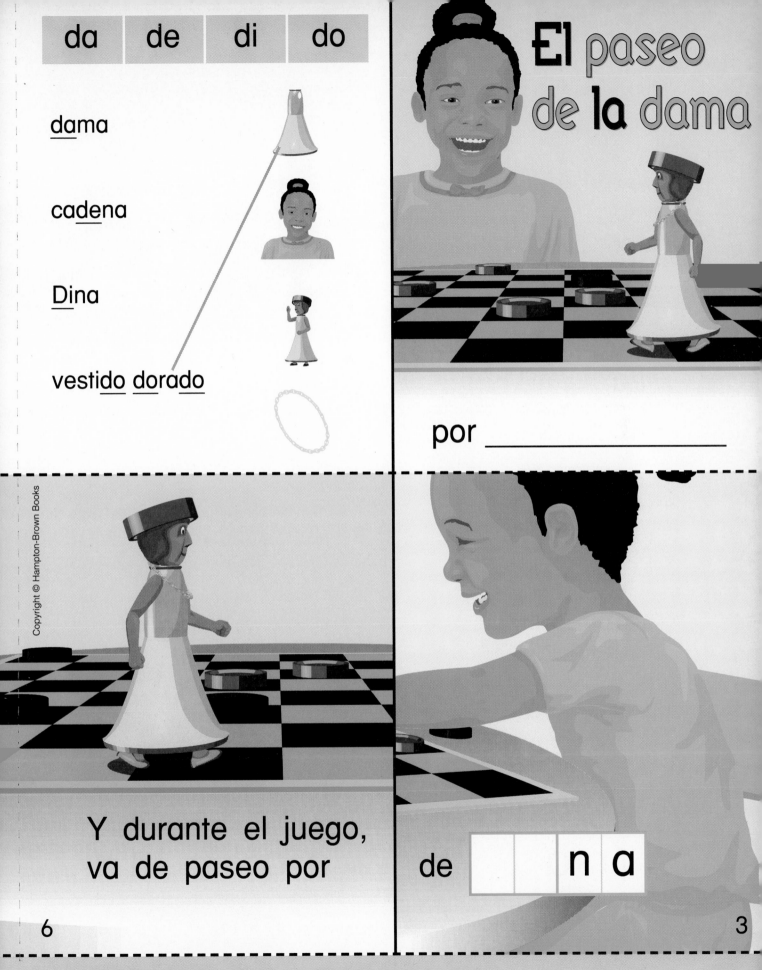

<u>d</u>ama

ca<u>d</u>ena

<u>D</u>ina

vesti<u>do</u> <u>do</u>ra<u>do</u>

El paseo
de la dama

por _____

Y durante el juego,
va de paseo por

de [ ][ ][n][a]

6

3

Copyright © Hampton-Brown Books

DIRECTIONS: Review the syllables on the Rhyme Card. After children make their books, read the
story including the incomplete words: *dama*, *Dina*, *dorado*, *cadena*, and *todo*. Then, ask children to
write the missing syllables. On the last page, have them match the words and the pictures.

La | | | | | el tablero.

lleva un vestido

| | | r | a | | | .

Se pone una

| c | a | | n | a | .

¡Qué bueno!

8

¡Quieres jugar?

por _____

—No — _____
el conde.

6

—No — _____
el soldado.

3

DIRECTIONS: Children make an eight-page book. Ask them to trace *dijo* on page 2, and to write *dijo* on the other pages to complete each sentence. Then, read the book as children track the print. Pause before words with the target syllables and invite children to supply them.

dijo 37

—No —dijo
el dinosaurio.

2

—Sí —_____
Donato.

7

—No —_____
el títere.

4

—No —_____
el hada.

5

Lupe lee libros de lunes a domingo.

Mis palabras con l

DIRECTIONS: Chant the rhyme with the children. Have them circle the syllables in the rhyme that begin with *l*. Then have them practice writing words that begin with *l* in the box.

Querida familia:

Pidan a su hijo/a que les enseñe la rima en el otro lado de esta hoja. En los recuadros de abajo verán las sílabas con l que estamos estudiando. Ayuden a su hijo/a a hacer un dibujo para cada sílaba; por ejemplo:

la: lago   le: lechuga   li: lima
lo: loro   lu: luna

Luego, ayúdenle a escribir el nombre de lo que haya dibujado.

Ll	la	le
li	lo	lu

DIRECTIONS: Children take this page home and work with their families to draw objects whose names include each syllable. Then, they trace the syllable and complete the word.

| la | le | li | lo | lu |

lagarto

león

libro

lobo

luna

por _____

¡Y veo un [ ][ ] **ó n**

[ ][ ][ ] **n a** .

6

3

| la | le | li | lo | lu |

DIRECTIONS: Review the syllables on the Rhyme Card. After children make their books, read the story including the incomplete words: *lobo, la luna, lagarto, laguna,* and *león.* Then, ask children to write the missing syllables. On the last page, have them match the words and the pictures.

Las sílabas con /   41

En mi libro, veo

un [ ][ ][b][o] bajo   que me asusta!

2

7

Veo un   en una

[ ][ ][g][a][r][ ]   [ ][g][u][n][a].

4

5

42 Las sílabas con l

Mira cómo leo

Y mamá me lee a mí.

8

por _____

Le ____ a mi hermano Lucas.

6

Le ____ a mi papá.

3

DIRECTIONS: Children make an eight-page book. Ask them to trace *leo* on page 2, and to write *leo* on the other pages to complete each sentence. Then, read the book as children track the print. Pause before words with the target syllables and invite children to supply them.

leo 43

Le <u>leo</u> a
mi mamá.

2

Le _____ a
mi abuela.

7

Le _____ a
mi loro.

4

Le _____ a
mi abuelito.

5

leo

El huerto de Nela tiene naranjas, nopales y peras.

Mis palabras con **n**

DIRECTIONS: Chant the rhyme with the children. Have them circle the syllables in the rhyme that begin with *n*. Then have them practice writing words that begin with *n* in the box.

Las sílabas con *n* 45

Querida familia:

Pidan a su hijo/a que les enseñe la rima en el otro lado de esta hoja. En los recuadros de abajo verán las sílabas con <u>n</u> que estamos estudiando. Ayuden a su hijo/a a hacer un dibujo para cada sílaba; por ejemplo:

<u>na</u>: nariz   <u>ne</u>: nene   <u>ni</u>: niño

<u>no</u>: novia   <u>nu</u>: nube

Luego, ayúdenle a escribir el nombre de lo que haya dibujado.

Nn	na	ne
ni	no	nu

DIRECTIONS: Children take this page home and work with their families to draw objects whose names include each syllable. Then, they trace the syllable and complete the word.

na	ne	ni	no	nu

<u>na</u>ranja

<u>N</u>ela

<u>ni</u>do

<u>no</u>pal

<u>nu</u>be

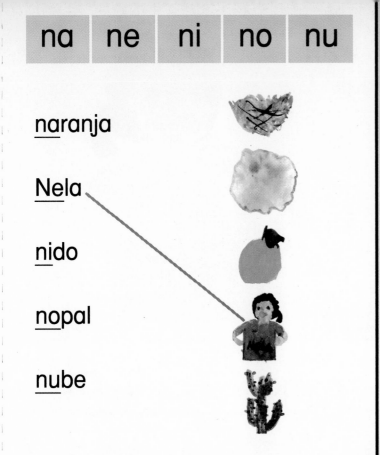

Nela pinta

por _____

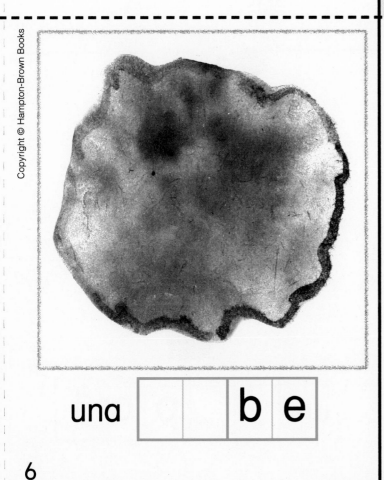

una [ ][ ] **b** **e**

6

[ ][ ] **r** **a** **n** **j** **a** ,

3

DIRECTIONS: Review the syllables on the Rhyme Card. After children make their books, read the story including the incomplete words: *Nela*, *naranja*, *nido*, *nopal*, *nube* and *niña*. Then, ask children to write the missing syllables. On the last page, have them match the words and the pictures.

Las sílabas con *n* **47**

pinta una

y una

		ñ	a

.

2

7

un

,

un

		p	a	l

,

4

5

¡Qué rica!

8

por _____

_____ Bruno.

6

ni Nela,

3

DIRECTIONS: Children make an eight-page book. Ask them to trace *ni* on page 3, and to write *ni* on the other pages to complete each sentence. Then, read the book as children track the print. Pause before words with the target syllables and invite children to supply them.

No alcanzan la naranja

2

Pero Nuria sí
la alcanza.

7

_____ Benito,

4

_____ Natalia,

5

Corta Toñito, chis, chas. ¿Cuántos muñecos recortarás?

Mis palabras con **ñ**

DIRECTIONS: Chant the rhyme with the children. Have them circle the syllables in the rhyme that begin with ñ. Then have them practice writing words that include ñ in the box.

Las sílabas con ñ 51

Querida familia:

Pidan a su hijo/a que les enseñe la rima en el otro lado de esta hoja. En los recuadros de abajo verán las sílabas con ñ que estamos estudiando. Ayuden a su hijo/a a hacer un dibujo para cada sílaba; por ejemplo:

<u>ña</u>: niña   <u>ñe</u>: muñeca
<u>ñi</u>: arañita <u>ño</u>: niño

Luego, ayúdenle a escribir el nombre de lo que haya dibujado.

	ña	ñe
Ññ	ñi	ño

DIRECTIONS: Children take this page home and work with their families to draw objects whose names include each syllable. Then, they trace the syllable and complete the word.

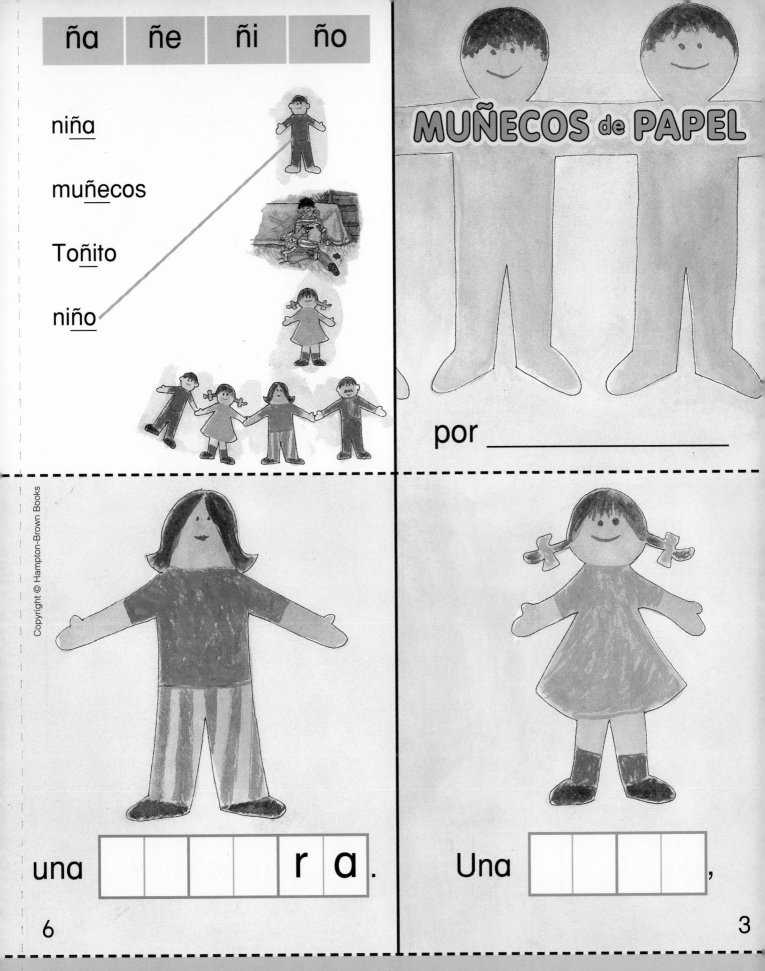

| ña | ñe | ñi | ño |

niña

muñecos

Toñito

niño

MUÑECOS de PAPEL

por _____

una [ ][ ][ ][ ] r a .

Una [ ][ ][ ][ ] ,

6

3

DIRECTIONS: Review the syllables on the Rhyme Card. After children make their books, read the story including the incomplete words: Toñito, niña, niño, señora, and muñecos. Then, ask children to write the missing syllables. On the last page, have them match the words and the pictures.

¿Qué recorta

?

2

Mira los

				c	o	s

.

¡Son una familia!

7

un

,

4

un señor y

5

¡Qué fiesta!

8

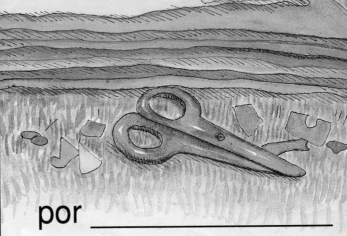

por _____

Con el papel
que queda,

6

El _____ recorta
arañitas.

3

DIRECTIONS: Children make an eight-page book. Ask them to trace *niño* on page 2, and to write *niño* on the other pages to complete each sentence. Then, read the book as children track the print. Pause before words with the target syllables and invite children to supply them.

niño 55

El **niño** recorta
una piña.

2

el _____ hace
una piñata.

7

El _____ recorta
hojas de otoño.

4

El _____ recorta
un muñeco.

5

56 *niño*

Copyright © Hampton-Brown Books

Mi vaca vive en el rancho, con pavos, pollos y chanchos.

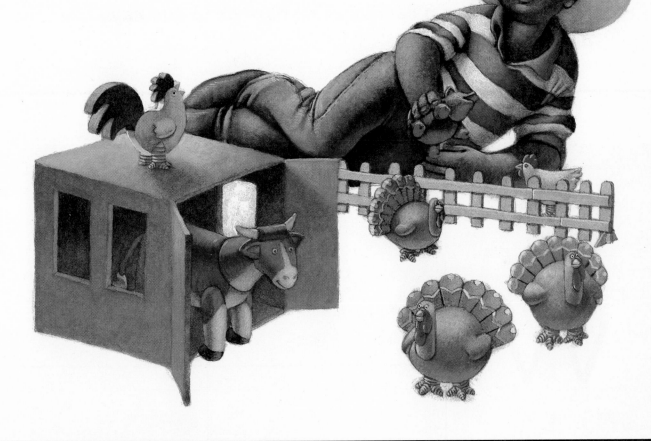

Mis palabras con **v**

DIRECTIONS: Chant the rhyme with the children. Have them circle the syllables in the rhyme that begin with *v*. Then have them practice writing words that begin with *v* in the box.

Las sílabas con *v* 57

Querida familia:

Pidan a su hijo/a que les enseñe la rima en el otro lado de esta hoja. En los recuadros de abajo verán las sílabas con <u>v</u> que estamos estudiando. Ayuden a su hijo/a a hacer un dibujo para cada sílaba; por ejemplo:

<u>va</u>: vaso   <u>ve</u>: vela   <u>vi</u>: víbora   <u>vo</u>: chivo

Luego, ayúdenle a escribir el nombre de lo que haya dibujado.

V v	va	ve
	ví	vo

DIRECTIONS: Children take this page home and work with their families to draw objects whose names include each syllable. Then, they trace the syllable and complete the word.

| va | ve | vi | vo |

vaca

venado

víbora

chivo

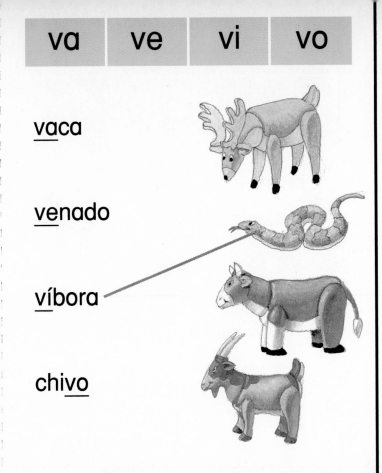

por _____

y un

| | | | | | . |

una | | | c | a |,

6

3

DIRECTIONS: Review the syllables on the Rhyme Card. After children make their books, read the story including the incomplete words: *vaquero*, *vaca*, *chivo*, *víbora*, and *venado*. Then, ask children to write the missing syllables. On the last page, have them match the words and the pictures.

Las sílabas con *v* 59

Hay un

| | | qu | e | r | o |

,

¿Cuál te gusta más?

2

7

un **ch** **i** | | ,

una | | **b** **o** **r** **a**

4

5

Note that only one box is allocated for *ch*.
The letters *qu* are also given a single box
because *q* is always followed by *u*.

Copyright © Hampton-Brown Books

_____ a pasear

con los caballitos.

8

por _____

_____, chivo.

6

_____, oveja.

3

DIRECTIONS: Children make an eight-page book. Ask them to trace *Vamos* on page 2, and to write *Vamos* on the other pages to complete each sentence. Then, read the book as children track the print. Pause before words with the target syllables and invite children to supply them.

<u>Vamos</u>, vaca.

2

_____, vaquero.

7

_____, víbora.

4

_____, pavo.

5

Roe y roe el ratón.
Ruge y ruge el león.
Ríe y ríe don Ramón.

Mis palabras con **r**

DIRECTIONS: Chant the rhyme with the children. Have them circle the syllables in the rhyme that begin with *r*. Then have them practice writing words that begin with *r* in the box.

Las sílabas con *r* 63

Querida familia:

Pidan a su hijo/a que les enseñe la rima en el otro lado de esta hoja. En los recuadros de abajo verán las sílabas con <u>r</u> que estamos estudiando. Ayuden a su hijo/a a hacer un dibujo para cada sílaba; por ejemplo:

<u>ra</u>: rana   <u>re</u>: regalo   <u>ri</u>: rinoceronte

<u>ro</u>: rosa   <u>ru</u>: rubí

Luego, ayúdenle a escribir el nombre de lo que haya dibujado.

Rr	ra	re
ri	ro	ru

DIRECTIONS: Children take this page home and work with their families to draw objects whose names include each syllable. Then, they trace the syllable and complete the word.

| ra | re | ri | ro | ru |

<u>ra</u>dio

<u>re</u>loj

<u>ro</u>bot

montaña <u>ru</u>sa

<u>ra</u>tón

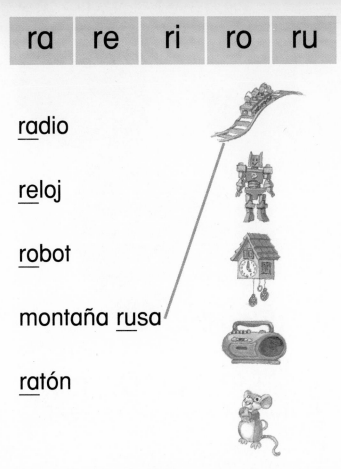

¿Cuál es mi juguete favorito?

por _____

No es el

| | | t | ó | n |.

6

No es el

| | | l | o | j |.

DIRECTIONS: Review the syllables on the Rhyme Card. After children make their books, read the story including the incomplete words: *radio*, *reloj*, *montaña rusa*, *ratón*, and *robot*. Then, ask children to write the missing syllables. On the last page, have them match the words and the pictures.

Las sílabas con *r* 65

No es la

| | | d | i | o |.

2

¡Es el

| | | b | o | t |!

7

No es la montaña

| | | | |.

4

5

Pero ahora todos
van despacio.

8

por _____

Ricardo va _____.

6

Regina va _____.

3

DIRECTIONS: Children make an eight-page book. Ask them to trace *rápido* on page 2, and to write *rápido* on the other pages to complete each sentence. Then, read the book as children track the print. Pause before words with the target syllables and invite children to supply them.

rápido 67

Rufino va **rápido**.

2

Raquel va _____.

7

Rogelio va _____.

4

Rita va _____.

5

Magali va a la cocina en busca de golosinas.

Mis palabras con **g**

DIRECTIONS: Chant the rhyme with the children. Have them circle the syllables in the rhyme that begin with *g*. Then have them practice writing words that begin with *g* in the box.

Las sílabas con *g* 69

Querida familia:

Pidan a su hijo/a que les enseñe la rima en el otro lado de esta hoja. En los recuadros de abajo verán las sílabas con <u>g</u> que estamos estudiando. Ayuden a su hijo/a a hacer un dibujo para cada sílaba; por ejemplo:

<u>ga</u>: gato   <u>go</u>: gorra   <u>gu</u>: gusano

Luego, ayúdenle a escribir el nombre de lo que haya dibujado.

Gg

ga	go	gu

Copyright © Hampton-Brown Books

DIRECTIONS: Children take this page home and work with their families to draw objects whose names include each syllable. Then, they trace the syllable and complete the word.

ga	go	gu

<u>ga</u>to

<u>go</u>rila

<u>gu</u>sano

Galletas de animales

por _____

Me gusta la

t	o	r			

.

6

Me gusta la

		ll	i		

.

3

DIRECTIONS: Review the syllables on the Rhyme Card. After children make their books, read the story including the incomplete words: *gato*, *gallina*, *gusano*, *gorila*, and *tortuga*. Then, ask children to write the missing syllables. On the last page, have them match the words and the pictures.

Las sílabas con *g*   71

¡m-m-m!

Me gusta el

☐☐☐☐.

2

7

Me gusta el

☐☐☐☐☐☐.

4

Me gusta el

☐☐ r i ☐☐.

5

Note that only one box is allocated for *ll*.

¡Pero sólo si alguien nos ayuda!

8

¡A cocinar!

por _____

Tengo _____ de hacer sopa.

6

Tengo _____ de hacer pan de trigo.

3

DIRECTIONS: Children make an eight-page book. Ask them to trace *ganas* on page 2, and to write *ganas* on the other pages to complete each sentence. Then, read the book as children track the print. Pause before words with the target syllables and invite children to supply them.

Tengo **ganas**
de hacer galletas.

2

Tenemos _____
de cocinar.

7

Tengo _____
de hacer un pastel.

4

Tengo _____
de hacer una ensalada.

5

Beto va en su bote con bata y bigote.

Mis palabras con **b**

DIRECTIONS: Chant the rhyme with the children. Have them circle the syllables in the rhyme that begin with *b*. Then have them practice writing words that begin with *b* in the box.

Las sílabas con *b* 75

Querida familia:

Pidan a su hijo/a que les enseñe la rima en el otro lado de esta hoja. En los recuadros de abajo verán las sílabas con <u>b</u> que estamos estudiando. Ayuden a su hijo/a a hacer un dibujo para cada sílaba; por ejemplo:

<u>ba</u>: bate   <u>be</u>: bebé   <u>bi</u>: bicicleta
<u>bo</u>: boca   <u>bu</u>: burro

Luego, ayúdenle a escribir el nombre de lo que haya dibujado.

B b	ba	be
bi	bo	bu

DIRECTIONS: Children take this page home and work with their families to draw objects whose names include each syllable. Then, they trace the syllable and complete the word.

ba	be	bi	bo	bu

<u>ba</u>llena

<u>Be</u>to

<u>bi</u>gote

<u>bo</u>tella

<u>bu</u>que

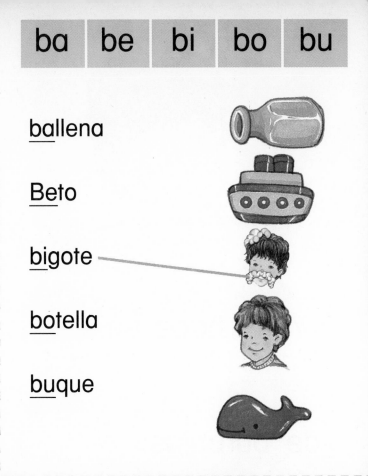

Beto se baña

por _____

una [ ][ ][ ][ ] **ll a** .

6

Juega con una

[ ][ ] **ll e** [ ] ,

3

DIRECTIONS: Review the syllables on the Rhyme Card. After children make their books, read the story including the incomplete words: *Beto*, *ballena*, *buque*, *bote*, *botella*, and *bigote*. Then, ask children to write the missing syllables. On the last page, have them match the words and the pictures.

Las sílabas con *b* **77**

2   está en la bañera.

¡Y se hace un

de burbujas!   7

un ☐☐ qu e ,

4

un ☐☐☐ y

5

Note that only one box is allocated for *ll*.
The letters *qu* are also given a single box
because *q* is always followed by *u*.

¡Qué dibujo más

_____!

8

Beto
dibuja

por _____

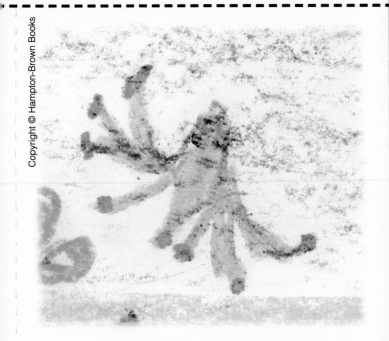

Dibuja un pulpo

_____.

6

Dibuja un bote

_____.

3

DIRECTIONS: Children make an eight-page book. Ask them to trace *bonito* on page 2, and to write *bonito* on the other pages to complete each sentence. Then, read the book as children track the print. Pause before words with the target syllables and invite children to supply them.

bonito **79**

Dibuja un mar
bonito .

2

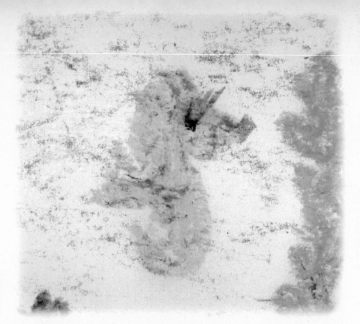

Dibuja un caballo de
mar _____ .

7

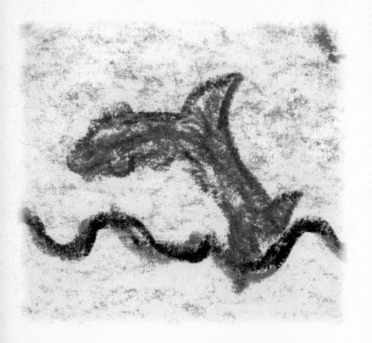

Dibuja un delfín
_____ .

4

Dibuja un buzo
_____ .

5

¡Ay, Jesús, cuántos juguetes! De un jaguar a un clarinete.

Mis palabras con **j**

DIRECTIONS: Chant the rhyme with the children. Have them circle the syllables in the rhyme that begin with *j*. Then have them practice writing words that begin with *j* in the box.

Las sílabas con *j* 81

Querida familia:

Pidan a su hijo/a que les enseñe la rima en el otro lado de esta hoja. En los recuadros de abajo verán las sílabas con j que estamos estudiando. Ayuden a su hijo/a a hacer un dibujo para cada sílaba; por ejemplo:

<u>ja</u>: jabón   <u>je</u>: garaje   <u>ji</u>: jirafa
<u>jo</u>: joya   <u>ju</u>: jugo

Luego, ayúdenle a escribir el nombre de lo que haya dibujado.

Jj	ja	je
ji	jo	ju

82   *Las sílabas con j*

DIRECTIONS: Children take this page home and work with their families to draw objects whose names include each syllable. Then, they trace the syllable and complete the word.

ja	je	ji	jo	ju

pan con <u>ja</u>món

pan con ca<u>je</u>ta

fa<u>ji</u>ta

pan de a<u>jo</u>

<u>ju</u>go

por _____

Todos toman

.

Josefa come pan

con | | | **m** | **ó** | **n** |.

6

3

DIRECTIONS: Review the syllables on the Rhyme Card. After children make their books, read the story including the incomplete words: *ajo*, *jamón*, *cajeta*, *fajita*, and *jugo*. Then, ask children to write the missing syllables. On the last page, have them match the words and the pictures.

Las sílabas con *j* 83

Jesús come

pan de ☐☐☐ .

Y todos comen
pastel. ¡Mmm!

José come pan con

c	a			

.

Julio come una

f	a			

.

8

Todos quieren jugar

por _____

¡Arriba el telón!

6

El león quiere

_____.

3

DIRECTIONS: Children make an eight-page book. Ask them to trace *jugar* on page 2, and to write *jugar* on the other pages to complete each sentence. Then, read the book as children track the print. Pause before words with the target syllables and invite children to supply them.

jugar 85

El jaguar quiere <u>jugar</u>.

2

¡Todos listos para
_____!

7

La jirafa quiere
_____.

4

El conejo quiere
_____.

5

La casa de Carolina tiene una cuna en la cocina.

Mis palabras con **c**

DIRECTIONS: Chant the rhyme with the children. Have them circle the syllables in the rhyme that begin with *c*. Then have them practice writing words that begin with *c* in the box.

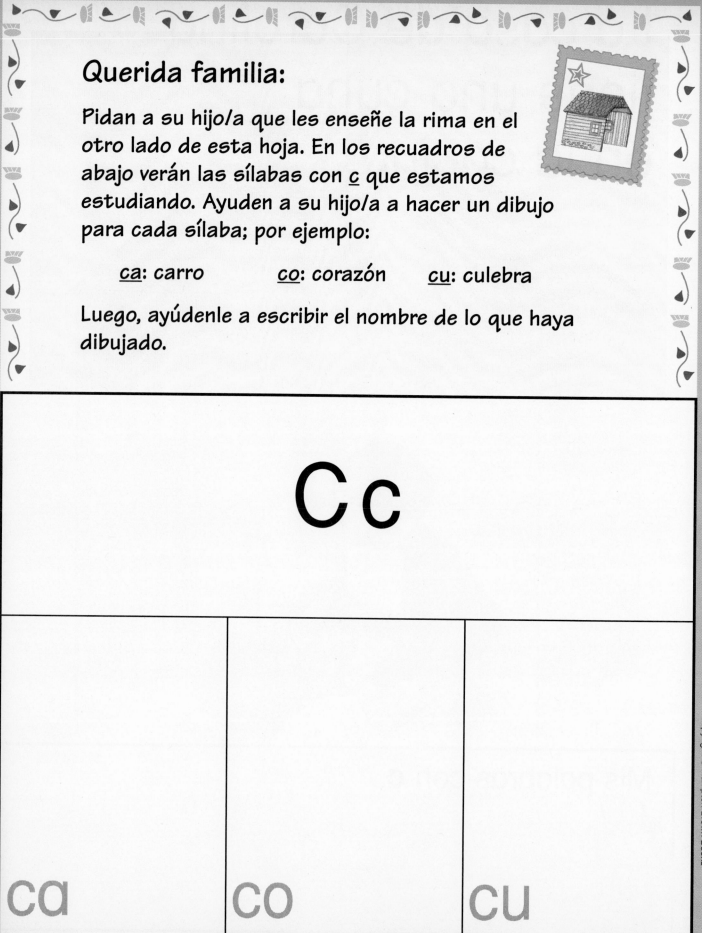

Querida familia:

Pidan a su hijo/a que les enseñe la rima en el otro lado de esta hoja. En los recuadros de abajo verán las sílabas con <u>c</u> que estamos estudiando. Ayuden a su hijo/a a hacer un dibujo para cada sílaba; por ejemplo:

<u>ca</u>: carro   <u>co</u>: corazón   <u>cu</u>: culebra

Luego, ayúdenle a escribir el nombre de lo que haya dibujado.

Cc

ca	co	cu

DIRECTIONS: Children take this page home and work with their families to draw objects whose names include each syllable. Then, they trace the syllable and complete the word.

ca	co	cu

<u>c</u>asa

<u>c</u>onejo

<u>c</u>una

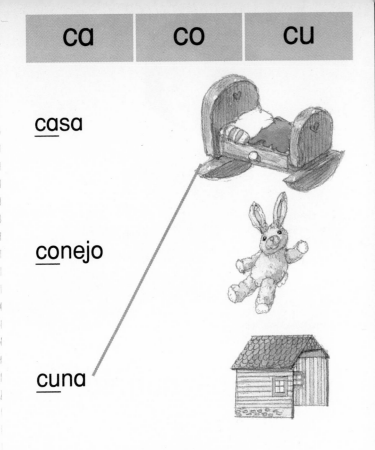

por _____

Y éste es mi

Ésta es la

	c	i		

.

6

3

DIRECTIONS: Review the syllables on the Rhyme Card. After children make their books, read the story including the incomplete words: *casa*, *cocina*, *cuna*, *cajón*, and *conejo*. Then, ask children to write the missing syllables. On the last page, have them match the words and the pictures.

Las sílabas con *c* 89

Ésta es mi

.

2

que ya se durmió.

7

Ésta es la

con su | | | j | ó | n |.

4

5

Las sílabas con *c*

¿Y ahora? Ahora

_____ niña va

con su mamá.

8

Cada cosa en su lugar

por _____

_____ osito

en su canasta y

6

_____ muñeca

en su camita,

3

DIRECTIONS: Children make an eight-page book. Ask them to trace *cada* on page 2, and to write *cada* on the other pages to complete each sentence. Then, read the book as children track the print. Pause before words with the target syllables and invite children to supply them.

cada 91

Tienen que poner
cada carro
en su caja,

2

_____ conejo
en su silla.

7

_____ bebé
en su cuna,

4

_____ canica
en su agujero,

5

La foca fabulosa
se pone furiosa.

Mis palabras con **f**

DIRECTIONS: Chant the rhyme with the children. Have them circle the syllables in the rhyme that begin with *f*. Then have them practice writing words that begin with *f* in the box.

Las sílabas con *f* 93

Querida familia:

Pidan a su hijo/a que les enseñe la rima en el otro lado de esta hoja. En los recuadros de abajo verán las sílabas con **f** que estamos estudiando. Ayuden a su hijo/a a hacer un dibujo para cada sílaba; por ejemplo:

<u>fa</u>: faro   <u>fe</u>: feria   <u>fi</u>: fideo
<u>fo</u>: foca   <u>fu</u>: furioso

Luego, ayúdenle a escribir el nombre de lo que haya dibujado.

F f	fa	fe
fi	fo	fu

DIRECTIONS: Children take this page home and work with their families to draw objects whose names include each syllable. Then, they trace the syllable and complete the word.

| fa | fe | fi | fo | fu |

familia

feliz

fideos

foca

furiosa

LA FERIA

por _____

Después, gana una ☐☐☐☐.

van a la ☐☐ r i a.

Copyright © Hampton-Brown Books

6

3

DIRECTIONS: Review the syllables on the Rhyme Card. After children make their books, read the story including the incomplete words: *familia*, *feria*, *fideos*, *furiosa*, *foca*, and *feliz*. Then, ask children to write the missing syllables. On the last page, have them match the words and the pictures.

Josefina y su

| | | | | l | i | a |

2

Josefina derrama sus

| | | | | o | s |.

4

¡Y ahora se siente

| | | l | i | z |!

7

¡Se siente

| | r | i | o | s | a |!

5

Todos están felices.

8

por _____

Adolfo está _____.

6

Su foca está _____.

3

DIRECTIONS: Children make an eight-page book. Ask them to trace *feliz* on page 2, and to write *feliz* on the other pages to complete each sentence. Then, read the book as children track the print. Pause before words with the target syllables and invite children to supply them.

feliz 97

Josefina está  feliz .

2

Su perro está _____ .

7

Felipe está _____ .

4

Su jirafa está _____ .

5

Los zapatos con un zorro me los pongo cuando corro.

Mis palabras con **z**

DIRECTIONS: Chant the rhyme with the children. Have them circle the syllables in the rhyme that begin with z. Then have them practice writing words that begin with z in the box.

Las sílabas con z 99

Querida familia:

Pidan a su hijo/a que les enseñe la rima en el otro lado de esta hoja. En los recuadros de abajo verán las sílabas con <u>z</u> que estamos estudiando. Ayuden a su hijo/a a hacer un *dibujo* para cada sílaba; por ejemplo:

<u>za</u>: zanahoria   <u>zo</u>: zorrillo   <u>zu</u>: azúcar

Luego, ayúdenle a escribir el nombre de lo que haya dibujado.

Zz

| za | zo | zú |

DIRECTIONS: Children take this page home and work with their families to draw objects whose names include each syllable. Then, they trace the syllable and complete the word.

za	zo	zu

lechu<u>za</u>

<u>z</u>orro

<u>za</u>patos a<u>z</u>ules

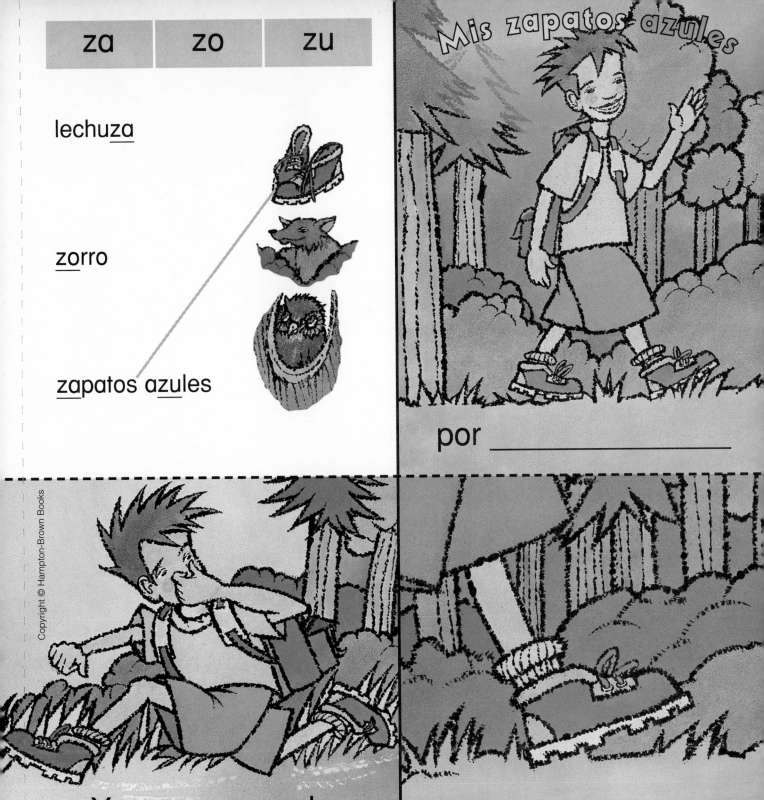

Mis zapatos azules

por _____

¡Y corren por el

me llevan de paseo
por el bosque.

6

3

DIRECTIONS: Review the syllables on the Rhyme Card. After children make their books, read the story including the incomplete words: *azules*, *zorro*, *lechuza*, *zacate*, and *zorrillo*. Then, ask children to write the missing syllables. On the last page, have them match the words and the pictures.

Las sílabas con *z*

Mis zapatos

| | | | l | e | s |

2

para escapar del

| | | rr | i | ll | o |!

7

Me llevan a ver

al | | rr | o |.

4

Me llevan a ver a la

| | ch | u | |.

5

Note that only one box is allocated for *ch*, *ll*, and *rr*.

¿Adónde van?
A la plaza. ¡Adiós!

8

por _____

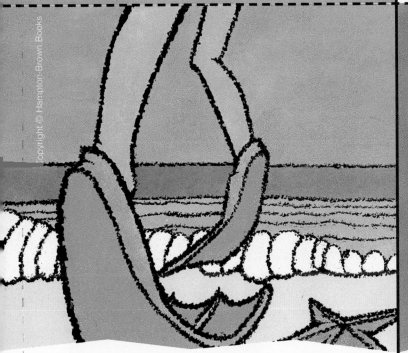

Estos _____
son para nadar.

6

Estos _____
son para bailar.

3

Copyright © Hampton-Brown Books

DIRECTIONS: Children make an eight-page book. Ask them to trace *zapatos* on page 2, and to write *zapatos* on the other pages to complete each sentence. Then, read the book as children track the print. Pause before words with the target syllables and invite children to supply them.

zapatos 103

Estos <u>zapatos</u> son para brincar.

2

Estos _____ son para salir.

7

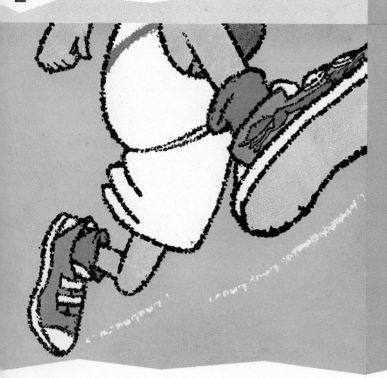

Estos _____ son para correr.

4

Estos _____ son para patear.

5

Mira el yoyo. Ya subió.

Mira el yoyo. Se cayó.

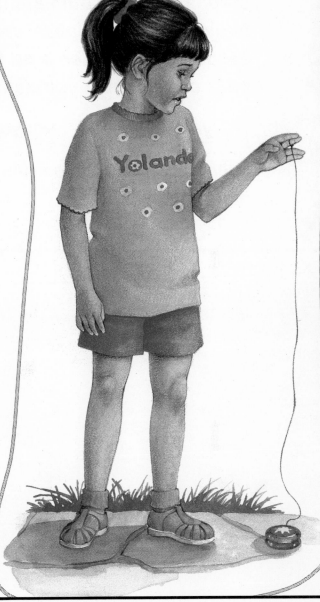

Mis palabras con **y**

DIRECTIONS: Chant the rhyme with the children. Have them circle the syllables in the rhyme that begin with *y*. Then have them practice writing words that begin with *y* in the box.

Las sílabas con *y* 105

Querida familia:

Pidan a su hijo/a que les enseñe la rima en el otro lado de esta hoja. En los recuadros de abajo verán las sílabas con y que estamos estudiando. Ayuden a su hijo/a a hacer un dibujo para cada sílaba; por ejemplo:

ya: yate   yo: yoyo

Luego, ayúdenle a escribir el nombre de lo que haya dibujado.

Yy

ya

yo

DIRECTIONS: Children take this page home and work with their families to draw objects whose names include each syllable. Then, they trace the syllable and complete the word.

ya	yo

yate

yoyo

Mireya

Yolanda

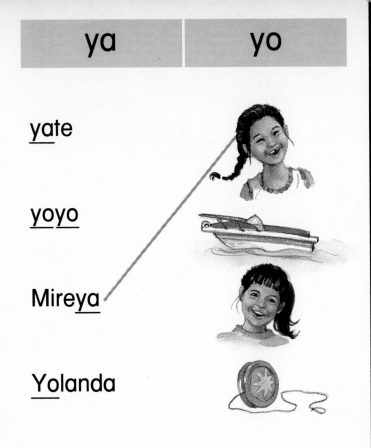

A jugar

por _____

¡Qué divertido es

con su ⬜⬜⬜.

6

3

DIRECTIONS: Review the syllables on the Rhyme Card. After children make their books, read the story including the incomplete words: *yoyo*, *yate*, and *playa*. Then, ask children to write the missing syllables. On the last page, have them match the words and the pictures.

Las sílabas con *y* 107

Yolanda juega

ir a la | p | l | a | | | !

2

7

Y Mireya juega con su | | | | | .

4

5

Las niñas se fueron.
Y las ranas _____
llegaron.

8

por _____

La lluvia _____ llegó.

6

Mireya _____ bajó.

3

DIRECTIONS: Children make an eight-page book. Ask them to trace *ya* on page 2, and to write
ya on the other pages to complete each sentence. Then, read the book as children track the print.
Pause before words with the target syllables and invite children to supply them.

ya 109

Yolanda __ya__ subió.

2   7

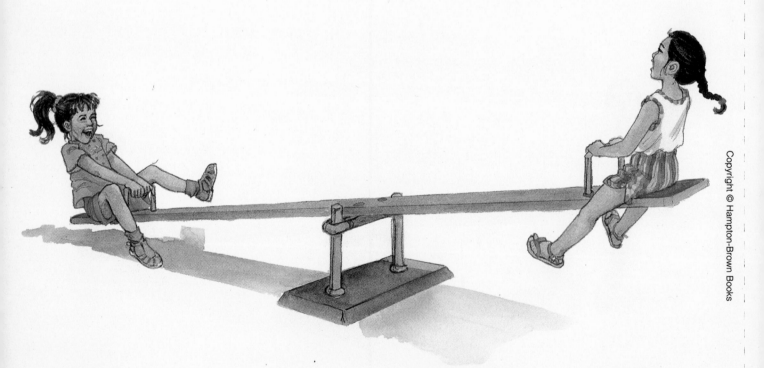

Yolanda ____ bajó.   Mireya ____ subió.

4   5

¿Chiles con chocolate?
¡Qué disparate!

Mis palabras con ch

DIRECTIONS: Chant the rhyme with the children. Have them circle the syllables in the rhyme that begin with *ch*. Then have them practice writing words that begin with *ch* in the box.

Querida familia:

Pidan a su hijo/a que les enseñe la rima en el otro lado de esta hoja. En los recuadros de abajo verán las sílabas con <u>ch</u> que estamos estudiando. Ayuden a su hijo/a a hacer un dibujo para cada sílaba; por ejemplo:

<u>cha</u>: chaqueta   <u>che</u>: leche   <u>chi</u>: chile
<u>cho</u>: chorizo   <u>chu</u>: churro

Luego, ayúdenle a escribir el nombre de lo que haya dibujado.

# Ch ch	cha	che
chi	cho	chu

Las sílabas con *ch*

DIRECTIONS: Children take this page home and work with their families to draw objects whose names include each syllable. Then, they trace the syllable and complete the word.

Copyright © Hampton-Brown Books

cha che chi cho chu

salchicha

leche

chile

bizcocho

churro

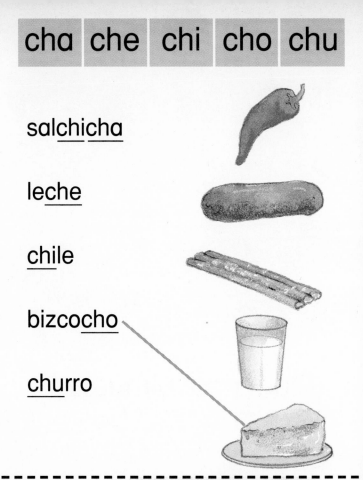

¡Qué rico!

por _____

¡Qué rico

| b | i | z | | | | | ! |

6

¡Qué rica

| | | | ! |

3

DIRECTIONS: Review the syllables on the Rhyme Card. After children make their books, read the story including the incomplete words: *chile*, *leche*, *salchicha*, *churro*, and *bizcocho*. Then, ask children to write the missing syllables. On the last page, have them match the words and the pictures.

Las sílabas con *ch*   113

¡Qué rico

!

2

¡Qué rico almuerzo!

7

¡Qué rica

s	a	l			

!

4

¡Qué rico

		rr	o

!

5

Las sílabas con *ch*

Note that only one box is allocated for *ch* and *rr*.

¡Todos se divierten _____ en casa de Nacha!

8

por _____

Las chicas cantan _____ en casa de Nacha.

6

Los chicos juegan _____ en casa de Nacha.

3

DIRECTIONS: Children make an eight-page book. Ask them to trace *mucho* on page 2, and to write *mucho* on the other pages to complete each sentence. Then, read the book as children track the print. Pause before words with the target syllables and invite children to supply them.

mucho 115

Chelo se ríe **mucho** en casa de Nacha.

2

Chano baila _____ en casa de Nacha.

7

Chicho habla _____ en casa de Nacha.

4

Chabela come _____ en casa de Nacha.

5

La lluvia llega, pero el viento se la lleva.

Mis palabras con **ll**

DIRECTIONS: Chant the rhyme with the children. Have them circle the syllables in the rhyme that begin with *ll*. Then have them practice writing words that begin with *ll* in the box.

Las sílabas con *ll* 117

Querida familia:

Pidan a su hijo/a que les enseñe la rima en el otro lado de esta hoja. En los recuadros de abajo verán las sílabas con <u>ll</u> que estamos estudiando. Ayuden a su hijo/a a hacer un dibujo para cada sílaba; por ejemplo:

<u>ll</u>a: llama   <u>ll</u>e: galleta   <u>ll</u>i: pollito

<u>ll</u>o: caballo   <u>ll</u>u: lluvia

Luego, ayúdenle a escribir el nombre de lo que haya dibujado.

Ll ll	lla	lle
lli	llo	llu

DIRECTIONS: Children take this page home and work with their families to draw objects whose names include each syllable. Then, they trace the syllable and complete the word.

| lla | lle | lli | llo | llu |

llama

galleta

gallina

gallo

lluvia

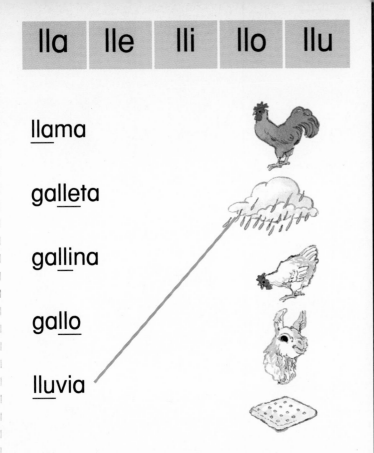

¿Quiénes están fuera?

por _____

Llega la

| | | | v | i | a |

y todos entran.

6

El | | | | |

ruidoso está fuera.

3

DIRECTIONS: Review the syllables on the Rhyme Card. After children make their books, read the story including the incomplete words: *llama*, *gallo*, *gallina*, *galleta*, and *lluvia*. Then, ask children to write the missing syllables. On the last page, have them match the words and the pictures.

Las sílabas con *ll*   119

La [ ][ ][ ][ ]

blanca está fuera.

2

¡Qué bien se está en casa!

7

Y está fuera la

[ ][ ][ ][ ][ ][ ]

4

comiendo una

[ ][ ][ ][ ][ ].

5

Note that only one box is allocated for *ll*.

Pero la lluvia _____

a la rana.

8

por _____

Y la mamá _____

6

La yegua _____

a su potrillo.

3

DIRECTIONS: Children make an eight-page book. Ask them to trace *llama* on page 2, and to write *llama* on the other pages to complete each sentence. Then, read the book as children track the print. Pause before words with the target syllables and invite children to supply them.

llama 121

La gallina <u>llama</u>

a sus pollitos.

2

a sus niños.

7

La perra _____

a sus perritos.

4

La gata _____

a sus gatitos.

5

Nuestro querido Quico se ha ido a Tampico.

Mis palabras con **qu**

DIRECTIONS: Chant the rhyme with the children. Have them circle the syllables in the rhyme that begin with *qu*. Then have them practice writing words that begin with *qu* in the box.

Las sílabas con *qu* 123

Querida familia:

Pidan a su hijo/a que les enseñe la rima en el otro lado de esta hoja. En los recuadros de abajo verán las sílabas con qu que estamos estudiando. Ayuden a su hijo/a a hacer un dibujo para cada sílaba; por ejemplo:

que: queso   qui: quitasol

Luego, ayúdenle a escribir el nombre de lo que haya dibujado.

Querido Quico

Qu qu

que

qui

124 Las sílabas con *qu*

DIRECTIONS: Children take this page home and work with their families to draw objects whose names include each syllable. Then, they trace the syllable and complete the word.

que	qui

vaquero

quitasol

buque

Quico

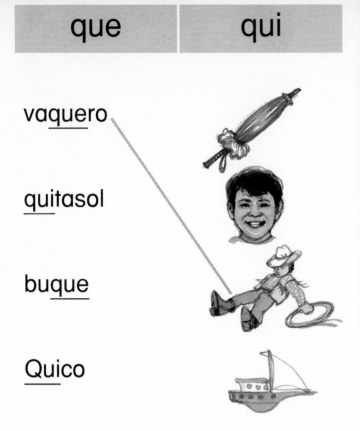

El paquete

por _____

Hay un

				s	o	l

para abuelita.

6

					.

3

DIRECTIONS: Review the syllables on the Rhyme Card. After children make their books, read the story including the incomplete words: *paquete*, *queso*, *buque*, *quitasol*, and *vaquero*. Then, ask children to write the missing syllables. On the last page, have them match the words and the pictures.

El cartero trajo un

2

¡Y hay un

				r	o

para Quico!

7

Hay | | | |

para todos.

4

Hay un | | | |

para abuelito.

5

La sorpresa

¡Es una carta para Quico!

8

por _____

—¿_____ tienes?
— dice Delia.

6

—¿_____ tienes?
— dice abuelita.

3

DIRECTIONS: Children make an eight-page book. Ask them to trace *Qué* on page 2, and to write *Qué* on the other pages to complete each sentence. Then, read the book as children track the print. Pause before words with the target syllables and invite children to supply them.

qué 127

—¿ Qué tengo?
— dice abuelito.

2

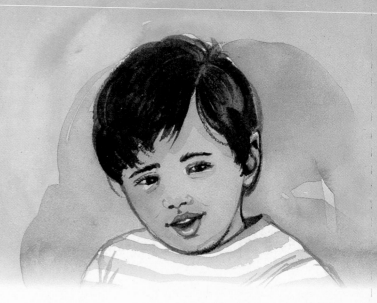

—¿_____ tienes?
— dice Paquito.

7

—¿_____ tienes?
— dice mamá.

4

—¿_____ tienes?
— dice papá.

5

¡Pobre Hugo!
¡Pobre chico!
El helado le da hipo.

Mis palabras con h

DIRECTIONS: Chant the rhyme with the children. Have them circle the syllables in the rhyme that begin with *h*. Then have them practice writing words that begin with *h* in the box.

Las sílabas con *h*   129

Querida familia:

Pidan a su hijo/a que les enseñe la rima en el otro lado de esta hoja. En los recuadros de abajo verán las sílabas con <u>h</u> que estamos estudiando. Ayuden a su hijo/a a hacer un dibujo para cada sílaba; por ejemplo:

<u>ha</u>: hamaca <u>he</u>: helado <u>hi</u>: hipopótamo
<u>ho</u>: hoja <u>hu</u>: humo

Luego, ayúdenle a escribir el nombre de lo que haya dibujado.

Hh	ha	he
hi	ho	hu

DIRECTIONS: Children take this page home and work with their families to draw objects whose names include each syllable. Then, they trace the syllable and complete the word.

ha	he	hi	ho	hu

<u>h</u>amaca

<u>h</u>elado

<u>hi</u>go

<u>ho</u>ja de menta

<u>H</u>ugo

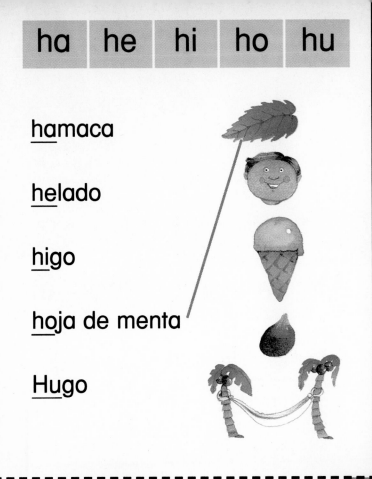

El helado

por _____

Después, los dos descansan en las

				c	a	s

.

6

.

3

DIRECTIONS: Review the syllables on the Rhyme Card. After children make their books, read the story including the incomplete words: *helado*, *higo*, *hoja*, *hamacas*, and *helado*. Then, ask children to write the missing syllables. On the last page, have them match the words and the pictures.

Hugo y su papá hacen

2

Y se comen todo el

| | | | | | .

¡Mmm!

7

Hacen helado de

| | | | y de | | | | de menta.

4

5

Y después, invita a todos a comer helado. ¡Qué rico!

8

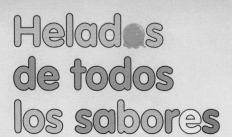
Helados
de todos
los sabores

por _____

_____ helado de higo.

6

Hace helado de fresa.

3

DIRECTIONS: Children make an eight-page book. Ask them to trace *Hace* on page 3, and to write *Hace* on the other pages to complete each sentence. Then, read the book as children track the print. Pause before words with the target syllables and invite children to supply them.

hace |33

Al papá de Hugo le gusta hacer helados de todos los sabores.

2

_____ helado de hoja de menta.

7

_____ helado de plátano.

4

_____ helado de coco.

5

Corre rápido el carro, pero para en el barro.

Mis palabras con **rr** y **r**

DIRECTIONS: Chant the rhyme with the children. Have them circle the syllables in the rhyme that begin with *rr* and *r*. Then have them practice writing words with syllables that begin with *rr* and *r* in the box.

Las sílabas con *rr/r* 135

Querida familia:

Pidan a su hijo/a que les enseñe la rima en el otro lado de esta hoja. En los recuadros de abajo verán las sílabas con <u>rr</u> y <u>r</u> que estamos estudiando. Ayuden a su hijo/a a hacer un dibujo para cada sílaba; por ejemplo:

<u>rra</u>/<u>ra</u>: gorra, pera   <u>rre</u>/<u>re</u>: torre, sirena
<u>rri</u>/<u>ri</u>: burrito, mariposa   <u>rro</u>/<u>ro</u>: perro, toro

Luego, ayúdenle a escribir el nombre del dibujo.

rr	rra	rre
	rri	rro
r	ra	re
	ri	ro

DIRECTIONS: Children take this page home and work with their families to draw objects whose names include each syllable. Then, they trace the syllable and complete the word.

rra	rre	rri	rro
ra	re	ri	ro

carrito amarillo

perro

garaje

arena

acera

por _____

Juego a las carreras

en la | | c | e | | |

Un | | | | | es

| | | | | | |.

6

3

DIRECTIONS: Review the syllables on the Rhyme Card. After children make their books, read the story including the incomplete words: *garaje*, *carro*, *amarillo*, *morado*, *arena*, *acera*, and *perro*. Then, ask children to write the missing syllables. On the last page, have them match the words and the pictures.

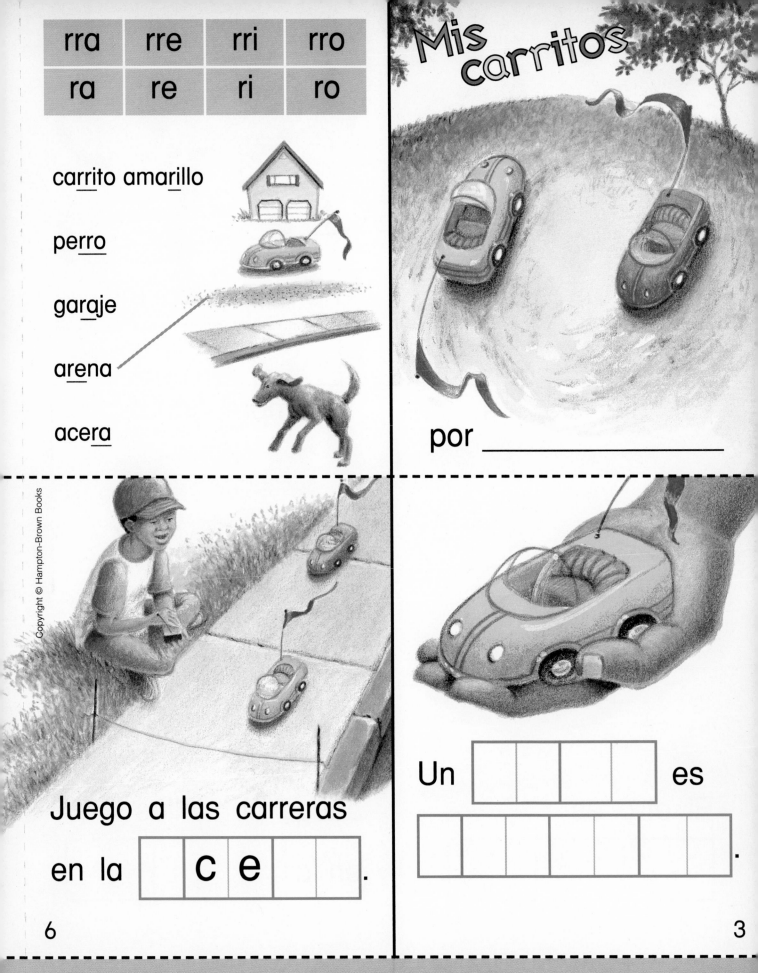

Tengo un pequeño

☐☐☐☐☐☐

con dos carritos.

2

Pero cuando mi

☐☐☐ corre,

¡siempre gana!

7

El otro es

☐☐☐☐☐☐.

4

Juego con ellos

en la ☐☐☐☐.

5

Note that only one box is allocated for *ll* and *rr*.

¡Pero el carro no
_____ por el
barro!

8

por _____

El carro _____
por la tierra.

6

El carro _____
por la pradera.

3

DIRECTIONS: Children make an eight-page book. Ask them to trace *corre* on page 2, and to
write *corre* on the other pages to complete each sentence. Then, read the book as children track
the print. Pause before words with the target syllables and invite children to supply them.

corre 139

El carro <u>corre</u>
por la acera.

2

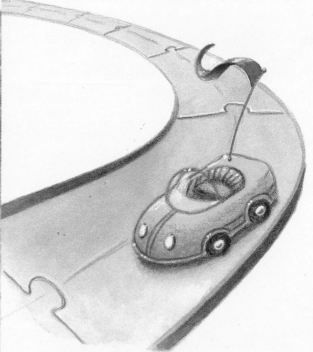

El carro _____
por la arena.

7

El carro _____
por el cerro.

4

El carro _____
por la carretera.

5

Koko viene de visita con kilos de canicas.

Mis palabras con **k**

DIRECTIONS: Chant the rhyme with the children. Have them circle the syllables in the rhyme that begin with *k*. Then have them practice writing words that begin with *k* in the box.

Roxana y Maxi
van de paseo en taxi.

Mis palabras con **x**

Las sílabas con *x*

DIRECTIONS: Chant the rhyme with the children. Have them circle the syllables in the rhyme that begin with *x*. Then have them practice writing words that include *x* in the box.

ka	ki	ko
xa	xe	xi

<u>ka</u>rate

<u>ki</u>mono

bo<u>xe</u>o

ta<u>xi</u>

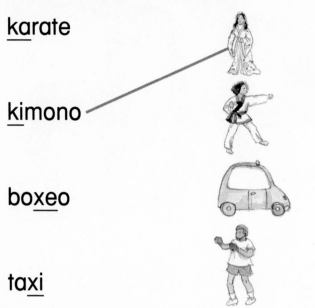

¿Qué les gusta?

por _____

A Koko le gusta tener

| | | l | o | s | de

canicas.

6

A Alexi le gusta el

| | | | | |

.

3

DIRECTIONS: Review the syllables on the Rhyme Card. After children make their books, read the story including the incomplete words: karate, boxeo, taxi, kimono, and kilos. Then, ask children to write the missing syllables. On the last page, have them match the words and the pictures.

Las sílabas con *k* y *x*   143

A Karina le gusta el

2

¿Qué te gusta a ti?

7

A Roxana le gusta
pasear en su

4

A Kimi le gusta
ponerse un

5